Anjos na nossa vida - como contactá-los e viver em sintonia com o universo

Ana Mafalda Damião

Published by Ana Mafalda Damião, 2018.

ANJOS NA NOSSA VIDA - COMO CONTACTÁ-LOS E VIVER EM SINTONIA COM O UNIVERSO

First edition. June 25, 2018.

Copyright © 2018 Ana Mafalda Damião.

ISBN: 979-8224259779

Written by Ana Mafalda Damião.

Also by Ana Mafalda Damião

Escrita Terapêutica - o poder da escrita na transformação pessoal
Escrever...o quê? 20 + 8 ideias criativas
Escribir... 20 + 8 Ideas Creativas
Anjos na nossa vida - como contactá-los e viver em sintonia com o universo
Oráculo Das Bruxas
Símbolos E Imagens Para Prever O Futuro
Cristalomancia - A Arte Da Adivinhação Com Cristais
Dominomancia - A Arte Da Adivinhação Com O Dominó
Petit Lenormand - Como Interpretar
Oráculo Dos Druidas
O Poder de Saint Germain
Rituais de conexão - Deusas celtas
Connection Rituals – Celtic Goddesses
The Power of Saint Germain
Ten Plagues of Egypt

Sumário

Prefácio

A capacidade de imaginar outros mundos e outras vidas foi a marca dominante na infância de Ana Mafalda Damião que, tendo sido solitária, foi compensada pelo contacto próximo com a natureza.

Na verdade, Ana Mafalda viveu muito tempo no campo, no Alentejo, ao cuidado dos tios maternos e é nesse ambiente amplo e mágico que imagina conversas com o seu Anjo da Guarda que jamais esquecerá.

Agora, na plena maturidade, um forte impulso leva-a a partilhar carinhosamente uma parte de si mais íntima e secreta, partindo do seu gosto no conhecimento sobre Anjos e sobre a forma como estes velam as pessoas na Terra.

Este livro é um guia prático que mostra como usar o poder dos Anjos para proporcionar harmonia e saúde e tem como objetivo ajudar a desenvolver as qualidades naturais que acompanham cada pessoa desde o nascimento.

Como professora, Ana Mafalda Damião não podia esquecer a essência que torna mais felizes as pessoas, quando despertas, a olharem tudo com amor.

Rosa Maria Oliveira

A vida é um verdadeiro milagre. Estarmos aqui e agora é uma bênção pela qual nos devemos sentir gratas(os).

Todos os dias, em todos os momentos, podemos escolher viver uma vida mágica. Para isso só precisamos de olhar à nossa volta e ver a beleza e o amor; acreditar que este é um dia mágico e sentirmos que é uma dádiva estarmos aqui. Está em nós a decisão de viver, ou não, na energia do amor.

Podemos escolher sentir amor por todas as formas de vida; sentir respeito pela Terra que nos sustenta e sentirmo-nos unidos(as) com os Anjos que velam por nós.

E cada um dos nossos atos pode, assim, ser um ato mágico.

Ana Mafalda Damião

Introdução

Quando nascemos, Deus envia para a Terra um anjo que tem a missão de cuidar de nós, durante toda a nossa vida.

O nosso anjo da guarda está connosco em todos os momentos; acompanha as nossas alegrias e tristezas, preocupações e sonhos; guia-nos nos momentos confusos e protege-nos das coisas menos boas; vela por nós enquanto dormimos e conduz os nossos passos quando estamos acordadas(0s).

Nós somos uma centelha divina, uma luz na Terra, e viemos ao mundo para sermos felizes, para amarmos e sermos amadas (os).

Neste caminho de amor, o nosso anjo olha por nós.

Hierarquia angelical

Os estudiosos da Cabala (tradição esotérica dos hebreus) desdobraram o nome de Deus – JEHOVAH e acrescentaram-lhe os nomes divinos IAH, EL, AEL, IEL para, com estes desdobramentos e terminações, criarem os nomes dos 72 anjos da guarda.

Cada anjo da guarda tem influência em 5 dias do nosso calendário, o que perfaz 360 dias. Ficaram a faltar 5 dias para completar o ano e os cabalistas dedicaram essas datas aos anjos ou génios da humanidade.

Todos os anjos estão integrados numa hierarquia que é formada por 3 ordens, e cada ordem é constituída por 3 coros. Os coros são liderados por um príncipe que governa 8 anjos.

Primeira ordem –

Controla o equilíbrio universal e a manifestação da vontade de Deus.

Os três coros desta ordem são:

1 – Serafins –

O coro angelical mais elevado. Os Serafins são conhecidos como os anjos do amor.

Príncipe: Metatron

Anjos: 1 a 8

2 – Querubins –

Estes anjos têm a função de guardar os registos sagrados e revelar o poder e a glória de Deus.

Príncipe: Haziel

Anjos: 9 a 16

3 – Tronos –

Têm como missão inspirar, no coração dos homens, a fé no poder de Deus.

Príncipe: Tsaphkiel

Anjos: 17 a 24

Segunda ordem –

Representa o poder de Deus e tem a missão de governar os planetas, em especial a Terra. Executa as ordens dos anjos da primeira ordem e dirige os da terceira ordem.

Os três coros desta ordem são:

1 – Dominações –

A sua missão é manter a ordem no cosmos e ajudar nas emergências.

Príncipe: Tsadkiel

Anjos: 25 a 32

2 – Potências ou Potestades –

Têm como missão guardar e defender a ordem no Céu e não deixar que os anjos do mal destruam o mundo.

Príncipe: Camael

Anjos: 33 a 40

3 – Virtudes –

Cuidam do movimento dos planetas, das estrelas e galáxias e controlam as leis cósmicas. Protegem a natureza e orientam as missões cármicas.

Príncipe: Rafael

Anjos: 41 a 48

Terceira ordem –

Guia e protege a humanidade e eleva as nossas orações a Deus.

Os três coros desta ordem são:

1 - Principados –

Protegem os governantes da Terra, iluminando-os para que os seus atos sejam justos.

Príncipe: Haniel

Anjos: 49 a 56

2 – Arcanjos –

Protegem o mundo, lutando contra Satanás e as suas legiões. Transmitem as mensagens importantes e asseguram a sabedoria e os bons relacionamentos.

Príncipe: Mikael

Anjos: 57 a 64
3 – Anjos –
São os intermediários entre Deus e os homens.
Príncipe: Gabriel
Anjos: 65 a 72

72 anjos cabalísticos

Nas páginas seguintes e com a sua data de nascimento, pode confirmar qual é o seu anjo da guarda, a ordem a que pertence e qual o príncipe que a lidera.

Nº 1 – Anjo Vehuiah

Ordem - Serafins

Príncipe - Metatron

Datas de nascimento - 20/03, 01/06, 13/08, 25/10, 06/01

Nº 2 – Anjo Jeliel

Ordem - Serafins

Príncipe – Metatron

Datas de nascimento - 21/03, 02/06, 14/08, 26/10, 07/01

Nº 3 – Anjo Sitael

Ordem – Serafins

Príncipe – Metatron

Datas de nascimento - 22/03, 03/06, 15/08, 27/10, 08/01

Nº 4 – Anjo Elemiah

Ordem – Serafins

Príncipe – Metatron

Datas de nascimento - 23/03, 04/06, 16/08, 28/10, 09/01

Nº 5 – Anjo Mahasiah

Ordem – Serafins

Príncipe – Metatron

Datas de nascimento - 24/03, 05/06, 17/08, 29/10, 10/01

Nº 6 – Anjo Lelahel

Ordem – Serafins

Príncipe – Metatron

Datas de nascimento - 25/03, 06/06, 18/08, 30/10, 11/01

Nº 7 – Anjo Achaiah

Ordem – Serafins

Príncipe – Metatron

Datas de nascimento - 26/03, 07/06, 19/08, 31/10, 12/01

Nº 8 – Anjo Cahethel

Ordem – Serafins

Príncipe – Metatron

Datas de nascimento - 27/03, 08/06, 20/08, 01/11, 13/01

Nº 9 – Anjo Haziel

Ordem – Querubins

Príncipe – Haziel

Datas de nascimento - 28/03, 09/06, 21/08 02/11, 14/01

Nº 10 – Anjo Aladiah

Ordem – Querubins

Príncipe – Haziel

Datas de nascimento - 29/03, 10/06, 22/08, 03/11, 15/01

Nº 11 – Anjo Laoviah

Ordem – Querubins

Príncipe – Haziel

Datas de nascimento - 30/03, 11/06, 23/08, 04/11, 16/01

Nº 12 – Anjo Hahahiah

Ordem – Querubins

Príncipe – Haziel

Datas de nascimento - 31/03, 12/06, 24/08, 05/11, 17/01

Nº 13 – Anjo Yesalel

Ordem – Querubins

Príncipe – Haziel

Datas de nascimento - 01/04, 13/06, 25/08, 06/11, 18/01

Nº 14 – Anjo Mebahel

Ordem – Querubins

Príncipe – Haziel

Datas de nascimento - 02/04, 14/06, 26/08, 07/11, 19/01

Nº 15 – Anjo Hariel

Ordem – Querubins

Príncipe – Haziel

Datas de nascimento - 03/04, 15/06, 27/08, 08/11, 20/01

Nº 16 – Anjo Hekamiah

Ordem – Querubins

Príncipe – Haziel

Datas de nascimento - 04/04, 16/06, 28/08, 09/11, 21/01

Nº 17 – Anjo Lauviah

Ordem – Tronos

Príncipe – Tsaphkiel

Datas de nascimento - 05/04, 17/06, 29/08, 10/11, 22/01

Nº 18 – Anjo Caliel

Ordem – Tronos

Príncipe – Tsaphkiel

Datas de nascimento - 06/04, 18/06, 30/08, 11/11,23/01

Nº 19 – Anjo Leuviah

Ordem – Tronos

Príncipe – Tsaphkiel

Datas de nascimento - 07/04, 19/06, 31/08, 12/11, 24/01

Nº 20 – Anjo Pahaliah

Ordem – Tronos

Príncipe – Tsaphkiel

Datas de nascimento - 08/04, 20/06, 01/09, 13/11, 25/01

Nº 21 – Anjo Nelchael

Ordem – Tronos

Príncipe – Tsaphkiel

Datas de nascimento - 09/04, 21/06, 02/09, 14/11, 26/01

Nº 22 – Anjo Ieiaiel

Ordem – Tronos

Príncipe – Tsaphkiel

Datas de nascimento - 10/04, 22/06, 03/09, 15/11, 27/01

Nº 23 – Anjo Melahel

Ordem – Tronos

Príncipe – Tsaphkiel

Datas de nascimento - 11/04, 23/06, 04/09, 16/11, 28/01

Nº 24 – Anjo Haheuiah

Ordem – Tronos

Príncipe – Tsaphkiel

Datas de nascimento - 12/04, 24/06, 05/09, 17/11, 29/01

Nº 25 – Anjo Nith-Haiah

Ordem – Dominações

Príncipe – Tsadkiel

Datas de nascimento - 13/04, 25/06, 06/09, 18/11, 30/01

Nº 26 – Anjo Haaiah

Ordem – Dominações

Príncipe – Tsadkiel

Datas de nascimento - 14/04, 26/06, 07/09, 19/11, 31/01

Nº 27 – Anjo Ierathel

Ordem – Dominações

Príncipe – Tsadkiel

Datas de nascimento - 15/04, 27/06, 08/09, 20/11, 01/02

Nº 28 – Anjo Seheiah

Ordem – Dominações

Príncipe – Tsadkiel

Datas de nascimento - 16/04, 28/06, 09/09, 21/11, 02/02

Nº 29 – Anjo Reyel

Ordem – Dominações

Príncipe – Tsadkiel

Datas de nascimento - 17/04, 29/06, 10/09, 22/11, 03/02

Nº 30 – Anjo Omael

Ordem – Dominações

Príncipe – Tsadkiel

Datas de nascimento - 18/04, 30/06, 11/09, 23/11, 04/02

Nº 31 -Anjo Lecabel

Ordem – Dominações

Príncipe – Tsadkiel

Datas de nascimento - 19/04, 01/07, 12/09, 24/11, 05/02

Nº 32 – Anjo Vasahiah

Ordem – Dominações

Príncipe – Tsadkiel

Datas de nascimento - 20/04, 02/07, 13/09, 25/11, 06/02

Nº 33 – Anjo Iehuiah

Ordem – Potências

Príncipe – Camael

Datas de nascimento - 21/04, 03/07, 14/09, 26/11, 07/02

Nº 34 – Anjo Lehahiah

Ordem – Potências

Príncipe – Camael

Datas de nascimento - 22/04, 04/07, 15/09, 27/11, 08/02

Nº 35 – Anjo Chavakiah

Ordem – Potências

Príncipe – Camael

Datas de nascimento - 23/04, 05/07, 16/09, 28/11, 09/02

Nº 36 – Anjo Menadel

Ordem – Potências

Príncipe – Camael

Datas de nascimento - 24/04, 06/07, 17/09, 29/11, 10/02

Nº 37 – Anjo Aniel

Ordem – Potências

Príncipe – Camael

Datas de nascimento - 25/04, 07/07, 18/09, 30/11, 11/02

Nº 38 – Anjo Haamiah

Ordem – Potências

Príncipe – Camael

Datas de nascimento - 26/04, 08/07, 19/09, 01/12, 12/02

Nº 39 – Anjo Rehael

Ordem – Potências

Príncipe – Camael

Datas de nascimento - 27/04, 09/07, 20/09, 02/12, 13/02

Nº 40 – Anjo Ieiazel

Ordem – Potências

Príncipe – Camael

Datas de nascimento - 28/04, 10/07, 21/09, 03/12, 14/02

Nº 41 – Anjo Hahahel

Ordem – Virtudes

Príncipe – Raphael

Datas de nascimento - 29/04, 11/07, 22/09, 04/12, 15/02

Nº 42 – Anjo Mikael

Ordem – Virtudes

Príncipe – Raphael

Datas de nascimento - 30/04, 12/07, 23/09, 05/12, 16/02

Nº 43 -Anjo Veuliah

Ordem – Virtudes

Príncipe – Raphael

Datas de nascimento - 01/05, 13/07, 24/09, 06/12, 17/02

Nº 44 – Anjo Yelaiah

Ordem – Virtudes

Príncipe – Raphael

Datas de nascimento - 02/05, 14/07, 25/09, 07/12, 18/02

Nº 45 – Anjo Sealiah

Ordem – Virtudes

Príncipe – Raphael

Datas de nascimento - 03/05, 15/07, 26/09, 08/12, 19/02

Nº 46 – Anjo Ariel

Ordem – Virtudes

Príncipe – Raphael

Datas de nascimento - 04/05, 16/07, 27/09, 09/12, 20/02

Nº 47 – Anjo Asaliah

Ordem – Virtudes

Príncipe – Raphael

Datas de nascimento - 05/05, 17/07, 28/09, 10/12, 21/02

Nº 48 – Anjo Mihael

Ordem – Virtudes

Príncipe – Raphael

Datas de nascimento - 06/05, 18/07, 29/09, 11/12, 22/02

Nº 49 – Anjo Vehuel

Ordem – Principados

Príncipe – Haniel

Datas de nascimento - 07/05, 19/07, 30/09, 12/12, 23/02

Nº 50 – Anjo Daniel

Ordem – Principados

Príncipe – Haniel

Datas de nascimento - 08/05, 20/07, 01/10, 13/12, 24/02

Nº 51 – Anjo Hahasiah

Ordem – Principados

Príncipe – Haniel

Datas de nascimento - 09/05, 21/07, 02/10, 14/12, 25/02

Nº 52 – Anjo Imamaiah

Ordem – Principados

Príncipe – Haniel

Datas de nascimento - 10/05, 22/07, 03/10, 15/12, 26/02

Nº 53 – Anjo Nanael

Ordem – Principados

Príncipe – Haniel

Datas de nascimento - 11/05, 23/07, 04/10, 16/12, 27/02

Nº 54 – Anjo Nithael

Ordem – Principados

Príncipe – Haniel

Datas de nascimento - 12/05, 24/07, 05/10, 17/12, 28 e 29/02

Nº 55 – Anjo Mebahiah

Ordem – Principados

Príncipe – Haniel

Datas de nascimento - 13/05, 25/07, 06/10, 18/12, 01/03

Nº 56 – Anjo Poiel

Ordem – Principados

Príncipe – Haniel

Datas de nascimento - 14/05, 26/07, 07/10, 19/12, 02/03

Nº 57 – Anjo Nemamiah

Ordem – Arcanjos

Príncipe – Mikael

Datas de nascimento - 15/05, 27/07, 08/10, 20/12, 03/03

Nº 58 – Anjo Ieialel

Ordem – Arcanjos

Príncipe – Mikael

Datas de nascimento - 16/05, 28/07, 09/10, 21/12, 04/03

Nº 59 – Anjo Harahel

Ordem – Arcanjos

Príncipe – Mikael

Datas de nascimento - 17/05, 29/07, 10/10, 22/12, 05/03

Nº 60 – Anjo Mitzrael

Ordem – Arcanjos

Príncipe – Mikael

Datas de nascimento - 18/05, 30/07, 11/10, 23/12, 06/03

Nº 61 – Anjo Umabel

Ordem – Arcanjos

Príncipe – Mikael

Datas de nascimento - 19/05, 31/07, 12/10, 24/12, 07/03

Nº 62 – Anjo Iah-Hel

Ordem – Arcanjos

Príncipe – Mikael

Datas de nascimento - 20/05, 01/08, 13/10, 25/12, 08/03

Nº 63 – Anjo Anauel

Ordem – Arcanjos

Príncipe – Mikael

Datas de nascimento - 21/05, 02/08, 14/10, 26/12, 09/03

Nº 64 – Anjo Mehiel

Ordem – Arcanjos

Príncipe – Mikael

Datas de nascimento - 22/05, 03/08, 15/10, 27/12, 10/03

Nº 65 – Anjo Damabiah

Ordem – Anjos

Príncipe – Gabriel

Datas de nascimento - 23/05, 04/08, 16/10, 28/12, 11/03

Nº 66 – Anjo Manakel

Ordem – Anjos

Príncipe – Gabriel

Datas de nascimento - 24/05, 05/08, 17/10, 29/12, 12/03

Nº 67 – Anjo Ayel

Ordem – Anjos

Príncipe – Gabriel

Datas de nascimento - 25/05, 06/08, 18/10, 30/12, 13/03

Nº 68 – Anjo Habuhiah

Ordem – Anjos

Príncipe – Gabriel

Datas de nascimento - 26/05, 07/08, 19/10, 31/12, 14/03

Nº 69 – Anjo Rochel

Ordem – Anjos

Príncipe – Gabriel

Datas de nascimento - 27/05, 08/08, 20/10, 01/01, 15/03

Nº 70 – Anjo Yabamiah

Ordem – Anjos

Príncipe – Gabriel

Datas de nascimento - 28/05, 09/08, 21/10, 02/01, 16/03

Nº 71 – Anjo Haiaiel

Ordem – Anjos

Príncipe – Gabriel

Datas de nascimento - 29/05, 10/08, 22/10, 03/01, 17/03

Nº 72 – Anjo Mumiah

Ordem – Anjos

Príncipe – Gabriel

Datas de nascimento - 30/05, 11/08, 23/10, 04/01, 18/03

Anjos ou Génios da humanidade:

Os que nasceram a 5 de janeiro, 19 de março, 31 de maio, 12 de agosto e 24 de outubro.

Significado dos nomes dos anjos em hebraico

1º Anjo – Vehuiah – Deus elevado e exaltado acima de todas as coisas

2º Anjo - Jeliel – Deus que socorre

3º Anjo – Sitael – Deus esperança de todas as criaturas

4º Anjo – Elemiah – Deus oculto

5º Anjo – Mahasiah – Deus salvador

6º Anjo – Lelahel – Deus louvável

7º Anjo – Achaiah – Deus bom e paciente

8º Anjo – Cahethel – Deus da abundância

9º Anjo – Haziel – Deus da misericórdia

10º Anjo Aladiah – Deus amabilíssimo

11º Anjo – Laoviah – Deus louvado e exaltado

12º Anjo – Hahahiah – Deus de refúgio

13º Anjo – Yesalel – Deus glorificado

14º Anjo – Mebahel – Deus conservador

15º Anjo – Hariel – Deus criador

16º Anjo – Hekamiah – Deus constrói o universo

17º Anjo – Lauviah – Deus admirável

18º Anjo – Caliel – Deus pronto a acolher

19º Anjo – Leuviah – Deus que acolhe os pecadores

20º Anjo – Pahaliah – Deus redentor

21º Anjo – Nelchael – Deus só e único

22º Anjo – Ieiaiel – Deus justo e perfeito

23º Anjo – Melahel – Deus que nos livra dos males

24º Anjo – Haheuiah – Deus bom por si mesmo

25º Anjo - Nith-Haiah – Deus que dá sabedoria

26º Anjo – Haaiah – Deus oculto

27º Anjo – Ierathel – Deus punidor dos maus

28º Anjo – Seheiah – Deus que cura os doentes

29º Anjo – Reyel – Deus pronto para socorrer

30º Anjo – Omael – Deus paciente

31º Anjo – Lecabel – Deus que inspira

32º Anjo – Vasahiah – Deus piedoso

33º Anjo – Iehuiah – Deus conhecedor de todas as coisas

34º Anjo – Lehahiah – Deus clemente

35º Anjo – Chavakiah – Deus que dá alegria

36º Anjo – Menadel – Deus adorável

37º Anjo – Aniel – Deus das virtudes

38º Anjo – Haamiah – Deus esperança de todos os filhos da terra

39º Anjo – Rehael – Deus que acolhe os pecadores

40º Anjo – Ieiazel – Deus que dá alegria

41º Anjo – Hahahel – Deus em três pessoas

42º Anjo – Mikael – A casa de Deus

43º Anjo – Veuliah – Deus dominador

44º Anjo – Yelaiah – Deus eterno

45º Anjo – Sealiah – Deus motor de todas as coisas

46º Anjo – Ariel – Deus revelador

47º Anjo – Asaliah – Deus justo que indica a verdade

48º Anjo – Mihael – Deus pai que socorre

49º Anjo – Vehuel – Deus grande e elevado

50º Anjo – Daniel – Senhor das misericórdias

51º Anjo – Hahasiah – Deus oculto

52º Anjo – Imamaiah – Deus acima de todas as coisas

53º Anjo – Nanael – Deus que humilha os orgulhosos

54º Anjo – Nithael – Rei dos céus

55º Anjo – Mebahiah – Deus eterno

56º Anjo – Poiel – Deus que sustenta o universo

57º Anjo – Nemamiah – Deus louvável

58º Anjo – Ieialel – Deus que acolhe as gerações

59 º Anjo – Harahel – Deus da sabedoria

60º Anjo – Mitzarel – Deus que consola os oprimidos

61º Anjo – Umabel – Deus acima de tudo

62º Anjo - Iah-Hel – Ser supremo

63º Anjo – Anauel – Deus infinitamente bom

64º Anjo – Mehiel – Deus vivificador

65º Anjo – Damabiah – Deus fonte de conhecimento

66º Anjo – Manakel – Deus que secunda e mantém tudo sobre o mundo

67º Anjo – Ayel – Deus delícia das crianças

68º Anjo – Habuhiah – Deus de bondade

69º Anjo – Rochel – Deus que tudo vê

70º Anjo – Yabamiah – Verbo que cria todas as coisas

71º Anjo – Haiaiel – Deus senhor do universo

72º Anjo – Mumiah – Ômega o fim de tudo

Nós e os anjos da guarda

Toda(o)s temos um anjo da guarda, mas temos também um génio contrário que está sempre a tentar-nos para fazermos coisas menos boas. Este génio contrário aproxima-se sempre que o anjo da guarda se afasta. Por isso, devemos manter sempre um contacto chegado com o nosso anjo e evitar irritarmo-nos, sermos impacientes, intolerantes, olhar a vida de forma negativa...

Os anjos são energia, uma matéria muito leve, e estão num plano superior. Para se aproximarem de nós, do nosso campo de energia, as nossas emoções devem ser leves. A raiva, a ira, a zanga, o ódio, a tristeza, a inveja... são emoções muito fortes que criam uma energia muito densa que não deixa que os anjos se aproximem.

Há, em cada um de nós, traços de personalidade que estão intimamente ligados ao nosso anjo da guarda e quando nos deixamos envolver pela negatividade manifestamos as características do génio contrário. Conhecê-las é uma forma de as evitarmos conscientemente.

Procure o seu anjo nas páginas seguintes, e conheça as características da sua personalidade que lhe estão diretamente ligadas.

1º Anjo - Vehuiah
(20/03, 01/06, 13/08, 25/10, 06/01)

Os nascidos sob a proteção deste anjo são muito curiosos e estão numa busca constante da verdade. Interiormente são seres equilibrados, otimistas e com uma grande capacidade de adaptação. Valorizam a amizade e a família. Têm tendência a grandes paixões embora, muitas vezes, sejam pouco duradouras. Revelam grande capacidade de aprendizagem nas áreas da ciência e das artes, onde poderão brilhar. Estes seres adoram a vida social e possuem um forte magnetismo.

Quando o génio contrário domina – tornam-se agressivos.

2º Anjo - Jeliel
(21/03, 02/06, 14/08, 26/10, 07/01)

Os que nascem sob a proteção deste anjo são muito impacientes e têm tendência a fazer tudo demasiado rápido. As longas exposições incomodam-nos, porque têm sempre a sensação de que já sabem tudo. São muito intuitivos e reconhecem de imediato a diferença entre o que está certo e o que está errado. Sabem que têm uma missão a cumprir na Terra e vivem emoções muito fortes condenando, acima de tudo, a violência. Revelam um sentido de humor que os faz encontrar e manter muitos amigos ao longo da vida.

Quando o génio contrário domina – tornam-se egoístas e insensíveis.

3º Anjo – Sitael
(22/03, 03/06, 15/08, 27/10, 08/01)

Os nascidos sob a influência de Sitael são seres muito afortunados, com grande capacidade para atingirem um elevado nível económico. São lutadores natos, não desistindo facilmente dos seus objetivos. Por orgulho, têm dificuldade em pedir ajuda mesmo nos momentos menos bons. Apesar disso, vivem rodeados de amigos, adorando tudo o que diz respeito à vida social. São seres muito cultos e com grande capacidade de perdoar.

Quando o génio contrário domina – podem tornar-se pessoas ingratas.

4º Anjo - Elemiah
(23/03, 04/06, 16/08, 28/10, 09/01)

Quem nasce sob a influência deste anjo são seres muito místicos, que conhecem a sua verdadeira missão na Terra e dedicam a maior parte do seu tempo a tentar ajudar os outros. Têm uma grande capacidade de trabalho, dedicando-se a vários projetos ao mesmo tempo. São pessoas muito invejadas o que, por vezes, lhes causa alguma tristeza.

Quando o génio contrário domina – podem enveredar pelo caminho dos vícios.

5º Anjo – Mahasiah
(24/03, 05/06, 17/08, 29/10, 10/01)

Os protegidos deste anjo possuem uma grande capacidade de aprendizagem porque trazem muitas recordações de outras encarnações. São equilibrados e agem sempre de acordo com as leis. Podem dedicar-se a trabalhar com os seres espirituais pois, a sua comunicação com os anjos é muito forte. Gostam de viver confortavelmente, em espaços grandes e rodeados de livros.

Quando o génio contrário domina – aproveitam-se da boa fé dos outros.

6º Anjo - Lelahel
(25/03, 06/06, 18/08, 30/10, 11/01)

Os que nascem sob a proteção deste anjo são seres equilibrados e idealistas. São muito dotados para as artes e podem conseguir grandes fortunas, porque nasceram com uma luz interior que os conduz sempre ao melhor caminho. Sentem-se atraídos pelo desconhecido e, facilmente, conseguem contactar outras dimensões. São seres dotados de grande capacidade de amar sendo, por isso, muito fácil encontrarem o amor em todos os caminhos que trilham.

Quando o génio contrário domina – tornam-se ambiciosos e oportunistas.

7º Anjo - Achaiah
(26/03, 07/06, 19/08, 31/10, 12/01)

Quem nasce sob a influência deste anjo reconhece a existência e a importância da espiritualidade desde muito cedo. É curiosa(o), persistente e procura a verdade acima de tudo. É muito paciente e tolerante.

Quando o génio contrário domina – torna-se negligente e perde a capacidade de enfrentar as dificuldades.

8º Anjo - Cahethel
(27/03, 08/06, 20/08, 01/11, 13/01)

Os protegidos deste anjo são pessoas equilibradas e com um forte domínio sobre as suas emoções. Seguem sempre a intuição mesmo que, por vezes, isso os torne incompreendidos. Gostam de viajar para contactarem culturas diferentes.

Quando o génio contrário domina – tornam-se orgulhosos e conflituosos.

9º Anjo - Haziel

(28/03, 09/06, 21/08, 02/11, 14/01)

Se nasceu sob a proteção deste anjo terá tendência para realizar trabalhos importantes, conquistando, com isso, a simpatia de todos. É uma pessoa com um carácter nobre e leal. Confia na proteção divina e sabe que nos momentos mais difíceis pode contar com ela. Não receia os obstáculos porque acredita que o bem sempre triunfará. Possui uma enorme capacidade para perdoar.

Quando o génio contrário domina – torna-se arrogante.

10º Anjo - Aladiah

(29/03, 10/06, 22/08, 03/11, 15/01)

Quem nasce sob a proteção deste anjo será recordado como um ser de coração aberto, sempre pronto a praticar a bondade. Atuará como um anjo na terra, ajudando todos os que a si recorrerem. Apesar de ter uma vida social intensa, é reservado e dedicado à família. Saberá sempre escolher o caminho mais acertado pois, é dotado de uma grande imaginação e autoconfiança. Os seus esforços irão sempre no sentido de contribuir para a formação de uma sociedade mais justa.

Quando o génio contrário domina – torna-se negligente e com forte tendência para praticar atos pouco corretos.

11º Anjo - Laoviah

(30/03, 11/06, 23/08, 04/11, 16/01)

Se nasceu sob a proteção deste anjo tornar-se-á famosa(o) pelos seus feitos e saberá tirar de todas as vivências os conhecimentos necessários para o seu crescimento. Em termos financeiros facilmente alcançará a prosperidade. É dotada(o) de uma grande capacidade de amar.

Quando o génio contrário domina – torna-se indelicada(o), ambiciosa(o) e ciumenta(o).

12º Anjo - Hahahiah

(31/03, 12/06, 24/08, 05/11, 17/01)

Os protegidos deste anjo têm uma personalidade muito vincada, são inteligentes, espirituais e discretos. As suas atitudes para com os demais são sempre equilibradas e pautam-se pela tolerância. São calmos e nasceram com a missão de ensinar, valorizando os livros como uma das formas de conhecimento. O seu discurso está sempre em sintonia com o universo e o seu carisma e beleza facilitam-lhes as relações afetivas.

Quando o génio contrário domina – tornam-se indiscretos.

13º Anjo - Yesalel

(01/04, 13/06, 25/08, 06/11, 18/01)

Os nascidos sob a proteção deste anjo são muito inteligentes, possuindo uma grande capacidade de memória e de aprendizagem em todas as áreas. Aceitam a vida como ela é, não reclamando nem se lamentando das coisas menos boas. Evitam sempre julgar os outros, capacidade esta que lhes vem da sua ligação saudável com a espiritualidade. O seu otimismo ajuda-os a encontrar amigos em todos os locais por onde passam.

Quando o génio contrário domina – tornam-se caprichosos.

14º Anjo - Mebahel

(02/04, 14/06, 26/08, 07/11, 19/01)

Se nasceu sob a proteção deste anjo aprecia as artes e as ciências esotéricas. Tem capacidade para trabalhar com a magia, o que faz muitas vezes como forma de expandir a sua espiritualidade. É justa(o) e reta(o) nas suas relações com os outros e simplifica a vida ao máximo. É extremamente bem-humorada(o), o que a(o) torna uma companhia muito agradável.

Quando o génio contrário domina – torna-se muito individualista e pouco tolerante.

15º Anjo – Hariel

(03/04, 15/06, 27/08, **08/11**, 20/01)

Os que nascem sob a proteção deste anjo são seres que vivem de forma simples e sempre gratos à vida. Possuem conhecimentos das ciências esotéricas e, através do seu trabalho, podem contribuir para o crescimento da espiritualidade. O seu sentido de humor tornará mais alegre a vida dos que os rodeiam e farão muitos amigos.

Quando o génio contrário domina – tornar-se-ão muito materialistas.

16º Anjo - Hekamiah –

(04/04, 16/06, 28/08, 09/11, 21/01)

Os protegidos deste anjo são sinceros, leais e a sua palavra de ordem é a paz. Têm uma forte tendência para ajudar os oprimidos, demonstrando uma coragem inigualável. Tornam-se pessoas prestigiadas pelo seu carácter franco e pelas suas ações. São muito sensuais e valorizam a aparência física. Detestam a rotina e são muito criativos.

Quando o génio contrário domina – tornam-se pessoas infiéis.

17º Anjo - Lauviah

(05/04, 17/06, 29/08, 10/11, 22/01)

Quem nasce sob a influência deste anjo domina a simbologia, tornando-se conhecida(o) pelas interpretações que faz da mesma. Podem ser famosas(os) nas áreas da música, pintura ou escrita. Todos os seus sonhos serão realizados, mas lutarão sempre para conseguirem uma situação económica confortável.

Quando o génio contrário domina – podem tornar-se falsas(os) e inspirar o medo nos outros.

18º Anjo - Caliel –

(06/04, 18/06, 30/08, 11/11, 23/01)

Se nasceu sob a proteção deste anjo possui um forte magnetismo pessoal e é muito inteligente. Detesta ideias vagas e esforça-se por dominar os conhecimentos importantes das áreas que mais lhe agradam. É justa(o) e íntegra(o) nas suas relações com os outros.

Quando o génio contrário domina – torna-se intriguista e com tendência para criar conflitos.

19º Anjo - Leuviah

(07/04, 19/06, 31/08, 12/11, 24/01)

Os protegidos deste anjo são seres muito simples e modestos. Adoram as artes, podendo fazer destas a sua profissão. Nunca desanimam perante as contrariedades da vida pois, sabem-se protegidos e amados pelos seres de luz. Não deixam que os outros interfiram na sua vida pessoal, nem interferem nos assuntos que não lhes digam diretamente respeito. São amáveis nas suas relações do dia-a-dia.

Quando o génio contrário domina – tornam-se demasiado intolerantes.

20º Anjo - Pahaliah

(08/04, 20/06, 01/09, 13/11, 25/01)

Se nasceu sob a proteção deste anjo é uma pessoa com uma personalidade muito forte que nunca desiste de lutar por aquilo que quer. Gosta muito de estar em paz, mas não suporta a solidão. É um verdadeiro otimista e conserva sempre o sorriso, mesmo nas horas mais difíceis.

Quando o génio contrário domina – torna-se prepotente.

21º Anjo - Nelchael

(09/04, 21/06, 02/09, 14/11, 26/01)

Se está sob a influência deste anjo possui uma grande capacidade de liderança, autocontrolo e uma paciência infinita. Amante da beleza, não suporta a vulgaridade. Adora poesia e pintura. Nas relações procura a alma gémea e suporta bem a solidão se não a encontra.

Quando o génio contrário domina – torna-se agressiva(o).

22º Anjo - Ieiaiel

(10/04, 22/06, 03/09, 15/11, 27/01)

As pessoas que nascem sob a proteção deste anjo vivem com uma necessidade premente de viajar e de conhecer coisas novas. São originais na forma como pensam e atuam e têm uma grande capacidade de comunicação. Possuem capacidades mediúnicas.

Quando o génio contrário domina – tornam-se racistas.

23º Anjo - Melahel

(11/04, 23/06, 04/09, 16/11, 28/01)

Os protegidos deste anjo são pessoas muito corretas, amantes da ordem e cumpridores das suas tarefas. Exprimem-se com muita clareza, especialmente no que toca aos sentimentos. Apesar de se mostrarem reservados nos primeiros contactos, facilmente fazem amizades que conservam para sempre. Defendem a natureza e os animais com a mesma intensidade com que defendem os seres humanos.

Quando o génio contrário domina – tornam-se mentirosos.

24º Anjo - Haheuiah

(12/04, 24/06, 05/09, 17/11, 29/01)

Os protegidos deste anjo têm uma ligação muito forte com os progenitores e sentem muita dificuldade em deixar o lar. Preocupam-se muito com a segurança da família e da comunidade. São muito inteligentes e com uma capacidade inata para os negócios. A religião poder-lhes-á trazer respostas às suas dúvidas.

Quando o génio contrário domina – incitam os outros à violência.

25º Anjo - Nith-Haiah

(13/04, 25/06, 06/09, 18/11, 30/01)

Os protegidos deste anjo são seres moderados, serenos, equilibrados e muito pacientes. Amam a paz, a solidão e a contemplação e vivem em perfeita harmonia com a natureza. Não questionam as dificuldades que lhes surgem. São muito protegidos pelos familiares e amigos.

Quando o génio contrário domina – tornam-se rancorosos.

26º Anjo - Haaiah

(14/04, 26/06, 07/09, 19/11, 31/01)

Quem nasce sob a proteção deste anjo é justo, equilibrado e bondoso. Aprecia as relações duradouras. Adora viajar adaptando-se a todos os ambientes. É muito popular.

Quando o génio contrário domina – torna-se demasiado ambicioso.

27º Anjo - Ierathel

(15/04, 27/06, 08/09, 20/11, 01/02)

As pessoas que nascem sob a proteção deste anjo são muito inteligentes e equilibradas. Cultivam uma aparência nobre, vivem alegremente e possuem uma grande capacidade de iniciativa. Nunca desistem dos seus objetivos. São muito dotadas para as artes divinatórias e podem praticar qualquer oráculo que lhes agrade.

Quando o génio contrário domina – tornam-se intolerantes e violentas.

28° Anjo - Seheiah

(16/04, 28/06, 09/09, 21/11, 02/02)

Quem nasce sob a proteção deste anjo é muito sensato e agirá sempre com prudência e sabedoria. São seres para quem a verdade tem muito valor e que têm uma grande facilidade para ultrapassar os obstáculos, graças às suas capacidades imaginativas. Possuem o poder da cura.

Quando o génio contrário domina – tornam-se pessoas desorganizadas e as suas vidas chegam a ser caóticas.

29° Anjo - Reyel

(17/04, 29/06, 10/09, 22/11, 03/02)

As pessoas protegidas por este anjo distinguem-se pelas suas qualidades e pela vontade de propagar a esperança. Vivem de forma exemplar amando a paz, o silêncio e a justiça. Revelam uma grande espiritualidade que se manifesta, muitas vezes, através da arte.

Quando o génio contrário domina – tornam-se egoístas e hipócritas.

30° Anjo - Omael

(18/04, 30/06, 11/09, 23/11, 04/02)

Os protegidos deste anjo são seres justos, que vivem em perfeita harmonia com o universo. Possuem uma boa dose de autoconfiança que os ajuda a nunca desistirem dos seus ideais. Sabem-se protegidos pelo seu anjo e é daí que vem a sua força interior. São amantes da natureza e dos animais.

Quando o génio contrário domina – tornam-se indiferentes a tudo.

31° Anjo - Lecabel

(19/04, 01/07, 12/09, 24/11, 05/02)

Quem nasce sob a influência deste anjo é dotado de uma grande coragem para enfrentar as adversidades da vida. Gosta muito de ler e tem tendência para aprofundar as leituras dos temas que mais lhe agradam, em especial o da reencarnação. Luta pela preservação da natureza e tem tendência para adotar os animais que encontra abandonados.

Quando o génio contrário domina – torna-se preguiçosa(o).

32º Anjo - Vasahiah

(20/04, 02/07, 13/09, 25/11, 06/02)

Os protegidos deste anjo são seres amáveis e modestos nas suas relações. Possuem uma boa memória e gostam de aprender outras línguas. Dotados de uma grande capacidade de comunicação levarão a todo o lado a palavra do seu anjo. Nunca adiam as suas decisões.

Quando o génio contrário domina – tornam-se irresponsáveis.

33º Anjo - Iehuiah

(21/04, 03/07, 14/09, 26/11, 07/02)

As pessoas que nascem sob a influência deste anjo são muito compreensivas e simpáticas e mantém uma ótima relação com toda a gente. Esforçam-se por desenvolver as suas capacidades espirituais e lutam com coragem pelos seus ideais. Para o seu equilíbrio interior precisam de viver em lugares calmos.

Quando o génio contrário domina – tornam-se intolerantes e obsessivas na conquista de bens materiais.

34º Anjo - Lehahiah

(22/04, 04/07, 15/09, 27/11, 08/02)

Os protegidos deste anjo são seres pacíficos, que se tornarão célebres pelos seus talentos e ações. Defendem os princípios morais, a bondade e a hospitalidade e as suas atitudes serão sempre firmes. Não suportam a desordem e para que o seu equilíbrio emocional se mantenha, precisam de viver em lugares calmos e organizados. As suas capacidades paranormais podem manifestar-se através da telepatia e da clarividência.

Quando o génio contrário domina – tornam-se teimosos e insensatos.

35º Anjo-Chavakiah

(23/04, 05/07, 16/09, 28/11, 09/02)

As pessoas que nascem sob a proteção deste anjo têm dificuldade em compreender e aceitar as desigualdades sociais. Ficarão sempre do lado dos mais fracos e desfavorecidos. São seres práticos que resolvem qualquer questão com facilidade, não complicando a vida. São discretos e muito agradáveis nas suas relações com terceiros.

Quando o génio contrário domina – tornam-se antipáticas e com tendência para arranjar confusões.

36º Anjo – Menadel

(24/04, 06/07, 17/09, 29/11, 10/02)

Quem nasce sob a proteção deste anjo terá uma força de vontade férrea, não desistindo nunca dos seus sonhos. São seres inteligentes e autoconfiantes, que abordarão sempre os problemas de uma forma direta. A sua extrema dedicação aos outros faz com que muitas vezes se sintam pouco correspondidos. Esperam sempre sinceridade, o que nem sempre acontece. Poderão fazer sucesso em carreiras ligadas à comunicação.

Quando o génio contrário domina – tornam-se pessoas preguiçosas.

37º Anjo – Aniel

(25/04, 07/07, 18/09, 30/11, 11/02)

Os nascidos sob a influência deste anjo serão célebres pelos seus talentos. O seu entusiasmo pela vida é contagiante, o que os torna bem-vindos em todos os lugares. Lutarão contra os preconceitos e por uma sociedade mais justa.

Quando o génio contrário domina – tornam-se pessoas materialistas e com tendência para se desligarem da família.

38º Anjo – Haamiah

(26/04, 08/07, 19/09, 01/12, 12/02)

As pessoas que nascem sob a proteção deste anjo seguirão os princípios de Deus em todas as áreas da sua vida. Os seus conhecimentos serão adquiridos através das leituras. Os outros poderão sempre contar com a sua ajuda e a sua capacidade intuitiva para resolver problemas.

São grandes defensoras das liberdades individuais, detestando a possessividade.

Quando o génio contrário domina – tornam-se fanáticas.

39º Anjo – Rehael

(27/04, 09/07, 20/09, 02/12, 13/02)

As pessoas que nascem sob a proteção deste anjo têm a capacidade de curar através da imposição das mãos, da força da mente e das orações ou pensamentos positivos. Têm tendência para participar em todas as atividades da sua comunidade como uma forma de chegar mais perto dos outros. São muito otimistas.

Quando o génio contrário domina – tornam-se cruéis.

40 º Anjo – Ieiazel –

(28/04, 10/07, 21/09, 03/12, 14/02)

Os protegidos deste anjo são seres muito inteligentes, com grande vocação para a literatura e as ciências. As suas ideias serão sempre brilhantes e os seus pensamentos sublimes. Não são ligados ao dinheiro, mas este nunca lhes faltará. Possuem um carácter nobre e uma forte intuição. Valorizarão o amor acima de tudo.

Quando o génio contrário domina – tornam-se pessimistas e desleixados consigo próprios.

41º Anjo – Hahahel

(29/04, 11/07, 22/09, 04/12, 15/02)

Os nascidos sob a proteção deste anjo são amantes da verdade e cumpridores das suas obrigações. Sabem que têm uma missão na Terra, mas lutam com a dúvida de não saberem por onde começar para cumprir o seu caminho. Estão sempre rodeados de amigos e colocam o bem dos outros acima do seu.

Quando o génio contrário domina – têm tendência para desprezar os que consideram abaixo do seu nível social.

42º Anjo – Mikael

(30/04, 12/07, 23/09, 05/12, 16/02)

As pessoas que nascem sob a proteção deste anjo têm, ao longo da vida, um comportamento íntegro. Nunca tomam decisões precipitadas, observando sempre com atenção as opções que lhes surgem. São sinceros nas suas relações, autoconfiantes e bem-humorados.

Quando o génio contrário domina – tornam-se egoístas.

43º Anjo – Veuliah

(01/05, 13/07, 24/09, 06/12, 17/02)

As pessoas que nascem sob a influência deste anjo assumirão sempre um comportamento íntegro, mesmo nas situações mais complicadas. São muito trabalhadoras, o que contribui para que se tornem prestigiadas no meio em que vivem. São prudentes e vencem os obstáculos com bom senso e inteligência. São sinceras e altruístas. Não se perdem em conflitos interiores e iluminam os outros com a sua inesgotável autoconfiança e bom humor.

Quando o génio contrário domina – promovem a discórdia através das intrigas e dos maus conselhos.

44º Anjo – Yealaiah

(02/05, 14/07, 25/09, 07/12, 18/02)

Os protegidos deste anjo adoram viajar, têm muitos conhecimentos e serão bem-sucedidos. São pessoas muito seguras e trabalhadoras. Sentem-se sempre inspiradas pelo seu anjo, que lhes dá força para lutarem pelos seus sonhos.

Quando o génio contrário domina – provocam dissabores por onde passam.

45º Anjo– Sealiah –

(03/05, 15/07, 26/09, 08/12, 19/02)

Quem nasce sob a proteção deste anjo é muito ligado à casa e à família. Possui o dom da adivinhação, que poderá utilizar para ajudar os que lhe estão próximos. Este dom pode-lhes ser transmitido por sonhos, pressentimentos ou através do uso de um oráculo. A sua atuação para com os outros aumentará a sua ligação aos anjos.

Quando o génio contrário domina – tornam-se seres desequilibrados.

46º Anjo – Ariel –

(04/05, 16/07, 27/09, 09/12, 29/02)

Quem tem este anjo como seu protetor é um ser discreto, sempre dotado de ideias pouco comuns e com um espírito forte. Respeita todos os seres humanos e nutre uma afeição especial pelos mais velhos. Triunfará em todas as áreas da vida.

Quando o génio contrário domina – assume atitudes imaturas.

47º Anjo– Asaliah –

(05/05, 17/07, 28/09, 10/12, 21/02)

As pessoas que nascem sob a proteção deste anjo possuem um forte carisma, demonstrando ternura e docilidade nas suas relações. Têm um carácter agradável e dinâmico, envolvendo-se em imensas atividades. Nas questões mais complicadas agem de imediato, detestando confusões. São orgulhosas e gostam de se destacar naquilo que fazem.

Quando o génio contrário domina – tornam-se muito possessivas.

48º Anjo – Mihael –

(06/05, 18/07, 29/09, 11/12, 22/02)

Os protegidos deste anjo são seres meigos, amantes da paz e grandes defensores da humanidade. Defendem todos os oprimidos e lutarão pelos direitos de todos os seres humanos. Poderão trabalhar com crianças, especialmente na saúde, pois nasceram dotados para esta função. São muito ligados à família.

Quando o génio contrário domina – tendem a provocar conflitos familiares.

49º Anjo – Vehuel –

(07/05, 19/07,30/09,12/12, 23/02)

Os protegidos deste anjo são pessoas muito generosas, conhecidas pelas suas virtudes e capacidade de comunicação. A sua amizade para com os outros é ilimitada e fazem tudo para ajudar. Os seus dotes intelectuais e a forma como lutam pelos seus ideais, podem levar algumas pessoas a considerá-los teimosos. Nunca faltam aos compromissos.

Quando o génio contrário domina – tornam-se egoístas e vaidosos.

50º Anjo – Daniel –
(08/05, 20/07, 01/10, 13/12, 24/02)

As pessoas que nascem sob a proteção deste anjo são muito pacientes, aceitando os defeitos dos outros como uma coisa natural. Não suportam a injustiça mostrando-se, nestes casos, menos tolerantes. Detestam situações duvidosas e nunca agem sem pensar.

Quando o génio contrário domina – tornam-se pessoas angustiadas.

51º Anjo – Hahasiah – (09/05, 21/07, 02/10, 14/12, 25/02)

Quem nasce sob a proteção deste anjo é muito criativo e vive a sua vida de forma harmoniosa. As revelações angelicais farão parte do seu quotidiano e guiarão os seus passos na ajuda aos semelhantes.

Quando o génio contrário domina – terá tendência para enganar os outros em proveito próprio.

52º Anjo – Imamaiah –
(10/05, 22/07, 03/10, 15/12, 26/02)

Quem tem este anjo como seu protetor possui uma personalidade forte e uma grande capacidade de resistência à frustração. As atitudes instintivas são-lhes desconhecidas. Agem sempre com base na razão e não correm riscos desnecessários. São inteligentes, sentimentais e otimistas.

Quando o génio contrário domina – tornam-se orgulhosos.

53º Anjo – Nanael –
(11/05, 23/07, 04/10, 16/12, 27/02)

As pessoas protegidas por este anjo são muito afetivas e o seu grande objetivo é que o amor seja a força que domina o mundo. Lutam por este ideal e levam as suas vidas em paz e em harmonia com as forças universais.

Quando o génio contrário domina – tornam-se seres tristes, sem capacidade para lutar pelos seus sonhos.

54º Anjo – Nithael –
(12/05, 24/07, 05/10, 17/12, 28 e 29/02)

Quem nasce sob a proteção deste anjo será famoso pelas suas obras escritas e pela sua capacidade de falar em público. Poderá desempenhar cargos de liderança porque é justo, ordenado e nunca agirá contra as leis. Conseguirá atingir todas as metas a que se proponha.

Quando o génio contrário domina – tornam-se pouco confiáveis.

55º Anjo – Mebahiah –

(13/05, 25/07, 06/10, 18/12, 01/03)

As pessoas que nascem sob a proteção deste anjo vivem de forma simples, sem dar valor aos bens materiais. Apesar de serem seres elevados serão sempre incompreendidos. Muitas vezes os outros irão achar que eles são falsos, o que lhes trará grandes tristezas. Terão de aprofundar os seus contactos com os seres de Luz para poderem ultrapassar estas questões.

Quando o génio contrário domina – manifestar-se-ão contra o amor.

56º Anjo – Poiel –

(14/05, 26/07, 07/10, 19/12, 02/03)

Quem nasce sob a proteção deste anjo é modesto e bem-humorado, sendo estimado por todos os que o rodeiam. Acreditam que só o amor torna as pessoas felizes. São muito otimistas.

Quando o génio contrário domina – deixam-se dominar pela ambição e pelo orgulho.

57º Anjo – Nemamiah –

(15/05, 27/07, 08/10, 20/12, 03/03)

Os protegidos deste anjo distinguir-se-ão pelas suas capacidades de liderança e pelo seu afeto por tudo o que existe no universo. Lutarão pelo direito à igualdade. Os anjos contactam com eles através dos sonhos, o que lhes permite guiar aqueles que os rodeiam.

Quando o génio contrário domina – tornam-se mentirosos e cobardes.

58º Anjo – Ieialel –

(16/05, 28/07, 09/10, 21/12, 04/03)

Os protegidos deste anjo são conhecidos pela sua coragem e franqueza nos relacionamentos. São pessoas com um temperamento afetuoso, otimistas e decididas. Não gostam de correr riscos desnecessários.

Quando o génio contrário domina – tornam-se vingativas.

59º Anjo – Harahel –

(17/05, 29/07, 10/10, 22/12, 05/03)

Quem nasce sob a influência deste anjo será um ser inteligente, sempre em busca de novos conhecimentos. Distinguir-se-á pelo seu carisma, humor e coragem. Terá sempre vontade de partilhar os bens materiais. Estas pessoas terão capacidade para trabalhar com oráculos e praticar curas.

Quando o génio contrário domina – tornam-se pouco confiáveis.

60º Anjo – Mitzrael –

(18/05, 30/07, 11/10, 23/12, 06/03)

Os protegidos deste anjo possuem muitos talentos que não hesitam em colocar ao serviço dos outros. Procuram a sabedoria e o equilíbrio, passando a maior parte das suas vidas a estudar. Reconhecem a centelha divina em cada ser que se cruza com eles.

Quando o génio contrário domina – tornam-se arrogantes.

61º Anjo – Umabel –

(19/05, 31/07, 12/10, 24/12, 07/03)

As pessoas que nascem sob a influência deste anjo possuirão uma forte sensibilidade e amor a todas as formas de vida. Adoram viajar, mas as mudanças bruscas causam-lhes transtornos emocionais. Possuem uma grande capacidade de sacrifício, não hesitando em prejudicarem-se para favorecer os membros da sua família.

Quando o génio contrário domina – tornam-se muito desligados da família.

62º Anjo – Iah-Hel –

(20/05, 01/08, 13/10, 25/12, 08/03)

Os protegidos deste anjo são seres calmos que amam a simplicidade e a tranquilidade acima de tudo. São cumpridores das suas obrigações familiares. Revelam um espírito aberto e uma energia que podem utilizar no seu crescimento pessoal e para o bem comum. Quando movidos por um ideal são perseverantes nas suas atitudes.

Quando o génio contrário domina – vivem de forma fútil.

63º Anjo – Anauel –

(21/05, 02/08, 14/10, 26/12, 09/03)

Quem nasce sob a influência deste anjo distinguir-se-á pelo seu trabalho e inteligência. Estas pessoas são dotadas de uma forte intuição. A segurança material não as preocupa pois, confiam na força divina e sabem que nada lhes faltará.

Quando o génio contrário domina – usarão a inteligência para descobrir as fraquezas alheias.

64º Anjo – Mehiel –

(22/05, 03/08, 15/10, 27/12, 10/03)

Os protegidos deste anjo têm como objetivo de vida o conhecimento. São afetuosos e descobrem sempre o lado bom das pessoas. São muito tolerantes, o que por vezes lhes trará alguns dissabores. Muitos podem considerá-los ingénuos e tentar aproveitar-se da boa vontade que demonstram.

Quando o génio contrário domina – tornam-se vaidosos.

65º Anjo – Damabiah –

(23/05, 04/08, 16/10, 28/12, 11/03)

Os protegidos deste anjo são seres afortunados que alcançarão uma posição económica muito vantajosa. Vivem de uma forma excêntrica, privilegiando a aventura acima de tudo. Não criam laços com os lugares onde vivem e sentem uma necessidade constante de mudança. A rotina deixa-os muito stressados.

Quando o génio contrário domina – tornam-se emocionalmente desequilibrados.

66º Anjo – Manakel –

(24/05, 05/08, 17/10, 29/12, 12/03)

As pessoas que nascem sob a proteção deste anjo possuem muitas qualidades e tornar-se-ão conhecidas pelo seu carácter, pela simpatia e pela bondade. São muito lutadoras e não conhecem a palavra desânimo. Nunca terão medo de percorrer caminhos desconhecidos. Farão muitos amigos ao longo da vida.

Quando o génio contrário domina – tornam-se pessoas muito desanimadas e sem força para lutar pelos seus sonhos.

67º Anjo – Ayel –

(25/05, 06/08, 18/10, 30/12, 13/03)

As pessoas que nascem sob a proteção deste anjo são muito ligadas à família, de quem dificilmente se separam. Gostam de aprender e detestam futilidades.

Quando o génio contrário domina – tornam-se amarguradas.

68º Anjo – Habuhiah –

(26/05, 07/08, 19/10, 31/12, 14/03)

As pessoas que nascem sob a proteção deste anjo são nobres e altruístas nos seus relacionamentos. No entanto, só se aproximam daqueles com quem têm afinidades. Poderão ter tendência a isolar-se para sentir com mais intensidade as forças do universo.

Quando o génio contrário domina – têm muita dificuldade em sentir afeto pelos outros.

69º Anjo – Rochel –

(27/05, 08/08, 20/10, 01/01, 15/03)

Os protegidos deste anjo são seres muito intuitivos e sentem o sofrimento de todos os que os rodeiam. Possuem uma forte energia e um espírito criativo, o que os ajudará a enfrentar todas as situações, mesmo as mais adversas.

Quando o génio contrário domina – tornam-se teimosos e egoístas.

70º Anjo – Yabamiah –

(28/05, 09/08, 21/10, 02/01, 16/03)

As pessoas nascidas sob a proteção deste anjo foram agraciadas com os poderes de todos os seres de luz. Nada do que acontece ao seu redor lhes passa despercebido. Quando é necessário ajudar alguém são os primeiros a tomar a iniciativa. Apesar de serem reservadas e introspetivas, a sua confiança e otimismo farão delas pessoas muito solicitadas.

Quando o génio contrário domina – tornam-se arrogantes.

71º Anjo – Haiaiel –

(29/05, 10/08, 22/10, 03/01, 17/03)

Quem nasce sob a influência deste anjo lutará contra todo o tipo de injustiças porque possui uma forte noção do que é certo e do que é errado. O seu comportamento será exemplar, nunca prejudicando ninguém. Estas pessoas sentem muitas vezes necessidade de se isolarem para reencontrarem o equilíbrio emocional que faz delas seres tão especiais.

Quando o génio contrário domina – tornam-se invejosas.

72º Anjo–Mumiah –

(30/05, 11/08, 23/10, 04/01, 18/03)

Os protegidos deste anjo adoram a mudança porque isso obriga-os a novas formas de pensamento. Não suportam a tristeza e tentam sempre ajudar os que se encontram deprimidos. Os seus ideais comandarão as suas vidas e lutam por eles sem nunca desistirem.

Quando o anjo contrário domina – tornam-se seres agressivos e tristes.

Anjos da Humanidade ou Génios

São todas as pessoas que nasceram a 5 de janeiro, 19 de março, 31 de maio, 12 de agosto e 24 de outubro. Trazem como missão cármica a proteção da humanidade. São muito inteligentes e possuem a capacidade de controlar as forças dos elementos (terra, ar, fogo e água) e dos elementais (fadas, gnomos, silfos, ondinas e salamandras).

Os que nasceram:

- A 05/01 são muito pacientes, comunicativos e inteligentes. Facilmente atingem o sucesso. São ótimos conselheiros pois, possuem uma grande clareza espiritual e um forte sentido de justiça.

- A 19/03 possuem um forte magnetismo e uma perfeita consciência do seu poder. Nunca se esquecem dos seus semelhantes, com quem partilham a sua sabedoria e os bens materiais. São muito organizados e adoram desafios.

- A 31/05 são conhecidos pela sua capacidade de comunicação e espírito de aventura. Adoram novas experiências, em especial as que estimulam a sua inteligência. São muito ativos e estão sempre a pôr em prática os conhecimentos que vão adquirindo.

- A 12/08 são muito extrovertidos e com um forte poder sobre os outros. Utilizam a sua energia no estudo e nas descobertas. Gostam de enfrentar situações difíceis, são orgulhosos e trabalhadores.

- A 24/10 são muito emotivos, persistentes e intuitivos. Não têm dificuldade em superar os momentos difíceis e estão constantemente em busca de novos ideais.

Dons angelicais

Todos nós recebemos um dom de cada um dos 72 anjos e estes dons ajudar-nos-ão pela vida fora.

Conhecendo o dom que cada anjo nos oferece podemos desenvolvê-lo através das orações, das meditações e do pensamento positivo.

1º Anjo – Vehuiah
Dom – curiosidade
2º Anjo - Jeliel
Dom – harmonia
3º Anjo – Sitael
Dom - nobreza de carácter
4º Anjo – Elemiah
Dom – misticismo
5º Anjo – Mahasiah
Dom – paz
6º Anjo – Lelahel
Dom – cura
7º Anjo – Achaiah
Dom – paciência
8º Anjo – Cahethel
Dom – maturidade
9º Anjo – Haziel
Dom - graça divina
10º Anjo Aladiah
Dom – correção
11º Anjo – Laoviah
Dom – amor
12º Anjo – Hahahiah
Dom – vidência
13º Anjo – Yesalel

Dom – amizade
14º Anjo – Mebahel
Dom – justiça
15º Anjo – Hariel
Dom – pureza
16º Anjo – Hekamiah
Dom – liderança
17º Anjo – Lauviah
Dom - paz de espírito
18º Anjo – Caliel
Dom – verdade
19º Anjo – Leuviah
Dom – modéstia
20º Anjo – Pahaliah
Dom - inteligência
21º Anjo – Nelchael
Dom - poder
22º Anjo – Ieiaiel
Dom – originalidade
23º Anjo – Melahel
Dom – segurança
24º Anjo – Haheuiah
Dom – misericórdia
25º Anjo - Nith-Haiah
Dom – sabedoria
26º Anjo – Haaiah
Dom – contemplação
27º Anjo – Ierathel
Dom – liberdade
28º Anjo – Seheiah
Dom – força interior
29º Anjo – Reyel

Dom – meditação

30º Anjo – Omael

Dom – respeito

31º Anjo – Lecabel

Dom – iluminação

32º Anjo – Vasahiah

Dom – clemência

33º Anjo – Iehuiah

Dom – bondade

34º Anjo – Lehahiah

Dom – simpatia

35º Anjo – Chavakiah

Dom – reconciliação

36º Anjo – Menadel

Dom – prosperidade

37º Anjo – Aniel

Dom - dignidade

38º Anjo – Haamiah

Dom – visão

39º Anjo – Rehael

Dom – reconhecimento

40º Anjo – Ieiazel

Dom – escrita

41º Anjo – Hahahel

Dom – cumprimento

42º Anjo – Mikael

Dom – diplomacia

43º Anjo – Veuliah

Dom – integridade

44º Anjo – Yealaiah

Dom – memória

45º Anjo – Sealiah

Dom – humildade
46º Anjo – Ariel
Dom – genialidade
47º Anjo – Asaliah
Dom – compreensão
48º Anjo – Mihael
Dom – premonição
49º Anjo – Vehuel
Dom – generosidade
50º Anjo – Daniel
Dom – inspiração
51º Anjo – Hahasiah
Dom – criatividade
52º Anjo – Imamaiah
Dom – segurança
53º Anjo – Nanael
Dom – tranquilidade
54º Anjo – Nithael
Dom – estabilidade
55º Anjo – Mebahiah
Dom – encanto
56º Anjo – Poiel
Dom – prestígio
57º Anjo – Nemamiah
Dom - amor incondicional
58º Anjo – Ieialel
Dom – franqueza
59 º Anjo – Harahel
Dom – espiritualidade
60º Anjo – Mitzarel
Dom – equilíbrio
61º Anjo - Umabel

Dom – sensibilidade

62º Anjo - Iah-Hel

Dom – honestidade

63º Anjo – Anauel

Dom – sagacidade

64º Anjo – Mehiel

Dom - força de vontade

65º Anjo – Damabiah

Dom – beleza

66º Anjo – Manakel

Dom – calma

67º Anjo – Ayel

Dom – perseverança

68º Anjo – Habuhiah

Dom - elegância

69º Anjo – Rochel

Dom – energia

70º Anjo – Yabamiah

Dom – otimismo

71º Anjo – Haiaiel

Dom – vitória

72º Anjo – Mumiah

Dom – magia

O Auxílio dos Anjos

Você não conta apenas com a ajuda do seu anjo da guarda. Todos os anjos estão disponíveis para ajudar, desde que lhes peça.

Saiba quais os anjos a quem pode pedir ajuda em cada situação:

1º Anjo – Vehuiah – resolução de situações difíceis.

2º Anjo – Jeliel – paz no lar.

3º Anjo – Sitael – em todas as adversidades.

4º Anjo – Elemiah – quando se sentir confusa (o).

5º Anjo – Mahasiah – viver em paz.

6º Anjo – Lelahel – quando sente que alguém lhe quer mal.

7º Anjo – Achaiah – quando se sente impaciente.

8º Anjo – Cahethel – bens materiais.

9º Anjo – Haziel – a graça de Deus.

10º Anjo – Aladiah - quando está doente ou se sente vítima de maldades.

11º Anjo – Laoviah – desenvolver os seus talentos naturais.

12º Anjo – Hahahiah – quando precisa de obter qualquer revelação através dos sonhos.

13º Anjo – Yesalel – proteger as amizades.

14º Anjo – Mebahel – conhecer a verdade.

15º Anjo – Hariel – pedir fé em momentos de desespero.

16º Anjo – Hekamiah – obter a vitória em qualquer assunto.

17º Anjo – Lauviah – afastar a tristeza e dormir bem.

18º Anjo – Caliel – confundir as pessoas que lhe querem mal.

19º Anjo – Leuviah – aumentar a inteligência e a memória.

20º Anjo – Pahaliah – encontrar a sua vocação.

21º Anjo – Nelchael – proteger das calúnias.

22º Anjo – Ieiaiel – proteger nas viagens.

23º Anjo – Melahel – proteger dos assaltos.

24º Anjo – Haheuiah - proteger os exilados, os prisioneiros e os que são condenados injustamente.

25º Anjo – Nith-Haiah - descobrir a verdade em questões espirituais.

26º Anjo – Haaiah - vencer processos na justiça.

27º Anjo – Ierathel - proteção em questões burocráticas.

28º Anjo – Seheiah - proteção em casos de doença.

29º Anjo – Reyel – proteger daqueles que o possam prejudicar.

30º Anjo – Omael – em momentos de desespero.

31º Anjo – Lecabel – obter iluminação na resolução de problemas difíceis.

32º Anjo – Vasahiah – proteção em geral.

33º Anjo – Iehuiah – proteger dos invejosos.

34º Anjo – Lehahiah – viver em harmonia com os outros.

35º Anjo – Chavakiah – auxiliar na reconciliação de casais.

36º Anjo – Menadel - encontrar objetos perdidos.

37º Anjo – Aniel – obter vitórias.

38º Anjo – Haamiah – descobrir segredos.

39º Anjo – Rehael – para que os outros reconheçam os seus atos.

40º Anjo – Ieiazel – protege os escritores e os jornalistas.

41º Anjo – Hahahel – contra a calúnia.

42º Anjo – Mikael – nas viagens.

43º Anjo – Veuliah – libertar dos vícios e vencer a depressão.

44º Anjo – Yealaiah – auxilia em causas judiciais e protege contra os assaltos.

45º Anjo – Sealiah – para ter esperança e vencer o orgulho.

46º Anjo – Ariel – encontrar objetos perdidos e facilitar sonhos premonitórios.

47º Anjo – Asaliah – atingir os objetivos em qualquer área.

48º Anjo – Mihael – conseguir inspiração.

49º Anjo – Vehuel – facilita a comunicação com Deus.

50º Anjo – Daniel – tomada de decisões.

51º Anjo – Hahasiah – tomada de consciência e inteligência.

52º Anjo – Imamaiah – afastar os inimigos.

53º Anjo – Nanael – protege os professores e os que trabalham com leis.

54º Anjo – Nithael – protege as famílias, os negócios e auxilia os que precisam de favores de outros.

55º Anjo – Mebahiah – protege das pessoas que não lhe querem bem.

56º Anjo – Poiel – para obter prestígio e fortuna.

57º Anjo – Nemamiah – combater os vícios e prosperar em todas as áreas.

58º Anjo – Ieialel – vencer a tristeza.

59º Anjo – Harahel – saúde.

60º Anjo – Mitzrael – libertar das perseguições e cura dos males do espírito.

61º Anjo – Umabel – favorece os estudos, em especial os esotéricos, e facilita as amizades.

62º Anjo – Iah-Hel – alcançar a sabedoria e combater a violência.

63º Anjo – Anauel – ajuda nas causas espirituais.

64º Anjo – Mehiel – protege contra os acidentes de viação, contra a raiva e as inimizades.

65º Anjo – Damabiah – empreendimentos.

66º Anjo – Manakel – ajuda a acalmar a ira e a afastar a maldade.

67º Anjo – Ayel – preservação dos bens materiais.

68º Anjo – Habuhiah – recuperação da saúde.

69º Anjo – Rochel – alcançar a fama e a fortuna.

70º Anjo – Yabamiah – protege contra as intempéries.

71º Anjo – Haiaiel – liberta das pessoas que lhe querem mal.

72º Anjo – Mumiah – protege da magia negra.

Como contactar com os Anjos

O mais importante para estabelecer um bom contacto com os anjos é a "leveza" da sua mente e do seu coração. O ódio, a raiva, o medo e as preocupações bloqueiam os canais de comunicação com eles. Reze, invoque, medite, faça afirmações... e lembre-se que o seu anjo da guarda está sempre por perto, desde que a sua energia o permita.

O Altar

Um altar é uma representação, em miniatura, do conjunto do templo e do universo, o local onde o sagrado se reproduz.

Qualquer oração, ou um simples pedido são atos de magia que, quando possível, devem ser feitos neste lugar.

Arranje um espaço em que se sinta bem e faça dele o seu altar.

O que pode colocar no altar

- Penas, flores, pedras, conchas, folhas, fotos, imagens...tudo o que tem um significado para si, que lhe recorda momentos bonitos, que a (o) faz sentir-se ligada(o) aos anjos e ao universo.

Diário dos Anjos

Arranje um caderno e faça dele o seu Diário dos Anjos. Nele poderá escrever tudo o que pensa e sente. Pode colar imagens, fotos, desenhar...

Faça desta atividade uma prática diária, um momento de serenidade em que comunica com o seu anjo e liberta a sua mente.

Rituais que pode praticar diariamente

- De manhã, ao acordar –

- Cumprimente o seu Anjo da Guarda

- Levante as mãos acima da cabeça e faça com elas a forma de um triângulo.

- A seguir, coloque-as diante do peito e cumprimente o seu anjo.

- Dê um passo para a frente, abra as mãos com as palmas voltadas para cima.

- Ofereça-lhe o seu amor e a sua alegria e agradeça a ajuda que ele lhe irá prestar durante o dia.

- Antes de dormir –

- Feche os olhos, respire fundo, relaxe e imagine um triângulo de luz branca sobre si.

- No centro desse triângulo está o seu anjo da guarda.

- Sinta-o e visualize-o, dizendo:

"Anjo da Guarda, abençoado sejas por me acompanhares e me amares. Agradeço-te o dia de hoje com amor."

Anjos e flores

Uma das formas de ajudar o seu anjo a aproximar-se de si é colocar flores no seu altar, na sua casa, escritório....

Se puder mantenha-as na terra, não as corte.

Se possível escolha as flores que correspondem ao seu príncipe:

Metatron – malmequer

Raziel - amor-perfeito

Tsaphkiel – violeta

Tsadkiel – cravo

Camael – narciso

Raphael – orquídea

Haniel – túlipa

Mikael – gladíolo

Gabriel – rosa

Anjos e cristais

Os cristais possuem o poder de equilibrar as energias e ajudam na prática da meditação.

A cada ordem angelical corresponde um cristal. Escolha o seu de acordo com a ordem a que pertence.

Serafins – cornalina

Querubins – topázio

Tronos – jaspe

Dominações – crisólita

Virtudes – safira

Potências – berilo

Principados – ônix

Arcanjos - rubi

Anjos - esmeralda

Os cristais precisam de ser limpos antes de serem utilizados.

Para limpar o seu cristal deve:

- Colocá-lo num recipiente com água e sal, durante 24 horas.

- Depois de o retirar da água, sem o secar, coloque-o durante uma noite à luz da lua.

- No dia seguinte deixe-o ao sol.

- Após concluir este processo de limpeza, consagre-o ao seu anjo da guarda e peça-lhe que o utilize para bloquear todas as energias negativas que lhe sejam dirigidas.

- Agora o seu cristal está pronto a ser utilizado. Pode colocá-lo no altar ou andar com ele.

Anjos e essências

Os óleos essenciais são uma forma simples e eficaz de estabelecer contacto com o seu anjo da guarda ou com qualquer outro anjo a quem necessite pedir ajuda.

Antes de os utilizar deve concentrar-se na questão ou situação que pretende ver resolvida e fazer uma prece.

Para saber que essência utilizar consulte a lista que se segue.

Absinto – amor e sexualidade

Acácia – trabalho, negócios

Arruda – limpa os ambientes de energias negativas e protege espiritualmente

Alecrim – afasta os pensamentos negativos

Alfazema – tranquilidade, pensamentos positivos

Âmbar – autoconfiança, afrodisíaco

Anis – atrai a sorte e as boas energias

Artemísia – estimula a mente

Baunilha – combate a depressão

Benjoim – criatividade

Café – prosperidade financeira

Camomila – calmante

Canela – afrodisíaco, cura, boas vibrações

Cânfora – elimina energias negativas

Cedro – harmonia, energia física, adivinhação

Cidreira – amor, relaxamento

Erva-doce - invejas

Eucalipto – renovação de energias

Hortelã – concentração, tomada de decisões

Flor de laranjeira – amor, prosperidade económica

Gardénia – paz, amor, proteção

Gengibre – limpeza espiritual, dinheiro

Gerânio – proteção física e mental

Hortelã – magias de cura, sabedoria

Jasmim – energia física, harmonia nas relações

Lavanda – dormir bem, depressão, rituais de proteção

Limão – ânimo

Lírio – amor, justiça

Mel – superar dores emocionais

Mirra – desenvolver a intuição

Noz moscada – boa sorte nos negócios

Olíbano – mágoas, meditação

Pinho – prosperidade, boa sorte

Rosa – energia positiva, amor

Sândalo – intuição, proteção, purificação

Violeta – transmutação de energias

Verbena – amor, energias negativas

Há diversas formas de utilizar os óleos essenciais, por exemplo:

- Como purificadores de energias negativas do corpo -coloque uma gota de óleo na esponja do banho, ou use como óleo de massagem.

- Como purificadores de ambientes - coloque umas gotas de óleo num litro de água a ferver e use-a para lavar o chão ou num pulverizador. Também os pode usar puros, ou num queimador de óleo. Deixam um cheiro muito agradável nos espaços.

Anjos e velas

A chama de uma vela simboliza a luz que ilumina a escuridão por isso, acender uma vela com uma intenção, é um ato mágico.

Quando desejar acender uma vela aos anjos pode consagrá-la da seguinte forma:

- Escolha a cor da vela de acordo com o que pretende atrair (ver página seguinte).

- Utilize um dos óleos essenciais que lhe aconselhamos no capítulo anterior.

- Se deseja atrair energias positivas, esfregue a vela com o óleo no sentido de cima (pavio) para baixo.

- Se o que quer é eliminar energias negativas, passe o óleo em sentido contrário, ou seja de baixo para cima.

Enquanto faz isto e ao acender a vela, faça a sua prece e agradeça.

Fique atenta(o) à mensagem que a vela lhe transmite (ver páginas seguintes).

Simbologia da cor das velas

Vela branca – representa a pureza e a sinceridade. Pode ser utilizada para afastar o génio contrário e para obter paz de espírito e harmonia.

Vela amarela – simboliza o entusiasmo, a alegria, o poder pessoal e a vida.

Pode ser utilizada para os estudos, os bens materiais e as mudanças.

Vela vermelha – representa a coragem, a paixão, a força e o dinamismo.

Pode ser utilizada em todos os casos que necessitam de uma solução rápida.

Vela azul - representa a tranquilidade, a compreensão e a verdade.

Pode ser utilizada para negócios e profissão.

Vela verde – simboliza a tranquilidade e a cura.

Pode ser utilizada para a saúde.

Vela rosa – representa o amor e a beleza.

Pode ser utilizada para reconciliações, para encontrar o amor ou no esclarecimento de dúvidas amorosas.

Vela roxa – representa a espiritualidade.

Pode ser utilizada para transmutar pensamentos negativos e para desenvolver a intuição.

Mensagens das velas

Vela que demora a acender – pode haver muitas energias negativas à volta e os anjos têm dificuldade em ancorar.

Faça uma prece ao Arcanjo Miguel.

Quando a luz da vela ganha tons de azul – é sinal da presença dos anjos.

Quando a chama forma uma espiral – os anjos já escutaram a sua mensagem e os seus desejos serão realizados.

Quando o pavio se divide em dois – o seu pedido não foi claro. Os anjos não estão a conseguir entender. Formule-o novamente.

Quando a vela "chora muito" (caem pequenas gotas muitas vezes) – os anjos têm dificuldade em realizar o que lhes pediu.

Talvez não seja o melhor para si.

Quando fica muita cera derretida no recipiente em que a vela ardeu – é necessário repetir a prece mais vezes.

Não desista. Faça a sua prece diariamente até que a mensagem da vela seja outra.

Mensagens Angelicais

Sempre que sinta necessidade de "escutar" os anjos pode ler uma mensagem angelical. Também o pode fazer de manhã, quando acorda, para se preparar para o novo dia.

Para saber qual a mensagem que os anjos lhe enviam faça assim:

- Lance 2 dados e some os números que saírem. Se só tiver um dado lance-o duas vezes.

- Leia a mensagem correspondente ao número (consulte as páginas seguintes).

- Se preferir, copie as mensagens para cartões. Baralhe-os e retire um.

Mensagens:

2 – Olhe para tudo com amor e sentir-se-á amada(o).

3- À noite, olhe as estrelas e sinta que faz parte de um universo fantástico.

4- Não use as suas palavras como setas. Use-as para exprimir amor.

5- Não deixe que a ira e a raiva falem por si.

6- Se se sente zangada(o) fique em silêncio. Espere que o amor dos anjos se manifeste em si.

7- Fique atenta(o) aos outros. Talvez necessitem de uma palavra de ânimo.

8- Olhe para cada ser com amor.

9- Não sinta medo. Os anjos acompanham cada um dos seus passos.

10- Faça deste dia um dia mágico.

11- Leve a sua esperança aos outros e mostre-lhes que os anjos estão sempre connosco.

12 – Não esqueça, nunca, que é um ser especial e que os anjos a(o) amam.

Visualizações angelicais

A visualização é uma técnica que utiliza as imagens mentais para criar aquilo que queremos que se concretize.

Ao praticarmos a visualização combatemos o nervosismo e criamos um ambiente de paz e harmonia que contribui para o bem-estar físico e psíquico. Este método desperta, também, as capacidades intuitivas e contribui para o desenvolvimento da espiritualidade.

Como invocar e visualizar os anjos:

- Sente-se num local calmo e onde não seja interrompida(o).

- Feche os olhos, devagar.

- Imagine-se no centro de um triângulo de luz branca.

- Visualize um anjo em cada ponta e sintonize-se com a sua energia.

- Sinta-se envolvida(o) pela luz branca que lhe traz uma sensação de paz.

- Use as invocações que encontra a seguir ou crie as suas.

- Ao invocar, crie na sua mente uma imagem clara daquilo que deseja. Sinta-se a usar, a estar, a ser... aquilo que pede.

- No final, agradeça aos anjos e veja-os subir envoltos em luz.

Invocações para atrair os anjos para a sua vida

- Peço a ajuda dos anjos em todos os momentos da minha vida.

- Invoco os anjos para que eles me guiem para a felicidade.

- Anjos da luz iluminai o meu caminho.

- Que os anjos abençoem as minhas opções.

- Invoco os anjos para que eles purifiquem os meus pensamentos.

- Invoco os anjos para que eles purifiquem os meus sentimentos.

Invocações para sentir a força dos anjos dentro de si

- Que os anjos me envolvam e me protejam.

- Que os anjos abençoem os meus sentimentos, os meus pensamentos e as minhas opções.

- Que os anjos abençoem a minha mente, o meu corpo, o meu espírito e as minhas emoções.

- Que os anjos me concedam a paixão, a alegria e a coragem para expressar a minha natureza angélica em todos os meus atos.

- Que os anjos me abençoem em todos os momentos da minha vida.

Invocações para se sentir protegida(o)

- Invoco os anjos para que velem por mim em todos os momentos.

- Que os anjos me protejam em todos os lugares.

- Invoco os anjos para que eles guiem os meus passos para longe do perigo.

- Que a luz dos anjos me cubra para que nada de mal me aconteça.

Invocações para os relacionamentos amorosos

- Que os anjos tragam para a minha vida a relação que mais me convém.

- Que os anjos abençoem a minha vida com um relacionamento amoroso.

- Que o meu relacionamento seja abençoado com o amor dos anjos.

Invocações para atrair a prosperidade

- Que o amor dos anjos me ajude a prosperar.

- Invoco os anjos para que a minha prosperidade se manifeste aqui e agora.

- Que os anjos guiem os meus passos no caminho da prosperidade.

Afirmações angelicais

As afirmações, ou decretos, são frases que devem ser repetidas em número de três, ou múltiplos. Podem ser feitas a qualquer hora e em qualquer lugar: enquanto viaja, nas compras, em casa, na rua...

A única coisa de que necessita é fé. Os anjos acrescentarão ao poder das suas palavras uma intensidade que tornará os milagres possíveis.

Afirmações para:

Sentir o poder dos anjos dentro de si

- A minha natureza é angélica por isso, os anjos manifestam-se em mim.

- A luz dos anjos desce sobre mim.

- Os anjos guiam a minha vida.

- Reconheço o potencial angélico nos outros.

Atrair os anjos para a sua vida

- Abro o meu coração e a minha mente à orientação dos anjos.

- O meu pensamento é a ponte para o reino dos anjos.

- Sinto a presença dos anjos a todo o momento.

Atrair a prosperidade

- Os anjos abençoam a minha prosperidade.

- Sei que estou protegida(o) pelos anjos e que nada me faltará.

- Agradeço a prosperidade que os anjos me proporcionam.

Atrair o amor

- Com a bênção dos anjos o amor manifesta-se na minha vida.

- Confio nos anjos para me guiarem no caminho do amor.

Se sentir protegida(o)

- Sei que os anjos me amam e me protegem.

- O amor dos anjos protege o meu mundo.

- Sinto-me segura(o) porque os anjos me acompanham.

- Atraio a proteção dos anjos em todos os meus atos.

- Agradeço aos anjos a sua proteção.

Atrair a cura angélica

- Os anjos anulam aqui e agora todas as dores do meu corpo.

- Atraio os anjos da cura para a minha vida.

- A luz dos anjos mantém-me saudável.

- Agradeço a cura dos anjos.

Meditações Angelicais

Aprender a meditar com os anjos irá trazer muitos benefícios para a sua vida, como por exemplo:

- diminuição do stress e da ansiedade;

- estabilidade emocional;

- desenvolvimento da criatividade, da alegria e da intuição;

- desenvolvimento da consciência cósmica.

Pode praticar as meditações em grupo ou sozinha(o), dentro de casa ou ao ar livre.

Se preferir meditar sozinha(o), grave as meditações que se seguem e utilize-as sempre que sentir vontade de se conectar com os anjos.

Meditação do anjo da guarda

- Procure um local calmo e onde se sinta bem.

- Sente-se, feche os olhos, respire fundo e una as mãos à altura do peito.

- Sinta o seu anjo da guarda aproximar-se de si.

- Visualize uma luz branca que a(o) envolve.

- Abra as mãos, com as palmas voltadas para cima, e coloque-as sobre os joelhos.

- Sinta a energia do seu anjo a envolver as suas mãos.

- Envie essa energia para todo o seu corpo.

- Peça ao seu anjo que a(o) acompanhe sempre.

- Sinta o amor que o seu anjo tem por si.

- Abrace-se.

- Agradeça ao seu anjo pelo amor na sua vida.

- Sinta as asas do seu anjo a tocarem os seus braços.

- Lentamente, abra os olhos, respire fundo e agradeça ao seu anjo.

Meditação dos sete arcanjos

- Procure um local calmo, se possível ao ar livre.

- Sente-se confortavelmente, respire fundo, feche os olhos, una as mãos e eleve-as acima da cabeça.

- Sinta a energia cósmica a envolvê-la(o).
- Baixe os braços e coloque as mãos numa posição confortável.
- Visualize, à sua frente, o Arcanjo Miguel.
- Deixe-se banhar pela luz azul que dele emana.
- Coloque as mãos unidas junto ao coração.
- Agradeça-lhe a sua proteção.
- Agora, suavemente, vire-se para o seu lado esquerdo.
- Visualize o Arcanjo Jofiel.
- Receba a luz amarela que dele emana.
- Agradeça-lhe a sabedoria.
- Visualize, agora, o Arcanjo Samuel.
- Absorva a luz rosa que ele lhe envia.
- Agradeça-lhe o amor na sua vida.
- Concentre-se no Arcanjo Gabriel.
- Deixe-se envolver pela sua luz branca.
- Peça-lhe que a(o) oriente para que possa cumprir o seu plano divino.
- Agradeça.
- Agora, suavemente, vire-se para o seu lado direito.
- Visualize o Arcanjo Rafael.
- Deixe-se envolver pela sua luz verde.
- Agradeça-lhe a saúde na sua vida.
- Dirija agora o seu olhar para o Arcanjo Uriel.
- Envolva-se na luz dourada que dele emana.
- Agradeça a paz na sua vida.
- Sinta a presença do Arcanjo Zadkiel.
- Deixe que a luz violeta que ele lhe envia transmute as suas energias.
- Agradeça-lhe a tolerância e a benevolência que sente pelos outros.
- Suavemente, volte para a posição inicial.
- Visualize novamente o Arcanjo Miguel.
- Una as mãos e eleve-as acima da cabeça.
- Visualize todos os arcanjos à sua volta.

- Deixe que toda a luz que eles enviam penetre em si.

- Sinta a paz e o amor a envolver todo o seu ser.

- Visualize os arcanjos a subirem.

- Agradeça-lhes a sua presença.

- Respire fundo, baixe os braços, estenda-os para a frente, com as palmas das mãos viradas para cima.

- Mentalmente, trace um círculo à sua volta e visualize-o repleto da luz e energia que recebeu dos arcanjos.

- Suavemente, respire fundo, conte até três e abra os olhos.

Meditação dos anjos da primeira ordem

- Escolha um local calmo onde não seja interrompida(o).

- Se preferir coloque uma música relaxante e acenda um incenso e uma vela.

- Coloque-se de pé, respire fundo, feche os olhos, estenda os braços para a frente, com as palmas das mãos voltadas para cima.

- Visualize os Serafins, os Querubins e os Tronos a descerem para junto de si.

- Você está no centro do triângulo formado por eles.

- Sente-se numa posição confortável.

- Deixe que a luz que emana dos anjos a(o) envolva.

- Concentre-se nos Serafins.

- Deles sai um raio de luz vermelha que penetra em si pelo chacra do terceiro olho.

- Absorva essa luz e agradeça a abundância na sua vida.

- Deixe que a luz vermelha queime todos os pensamentos de insegurança e de dúvida que tem dentro de si.

- Veja-os a desaparecerem.

- Observe os Querubins.

- Visualize um raio de luz branca a sair deles e a penetrar em si através do chacra cardíaco.

- Sinta essa luz a queimar o seu carma negativo.

- Agradeça.

- Agora olhe para os Tronos.

- Visualize um raio de luz violeta que emana deles e penetra em si pelo chacra do plexo solar.

- Sinta toda a sua fragilidade emocional a ser curada.

- Agradeça.

- Visualize os anjos a subirem levando com eles todas as suas preocupações.

- Agradeça.

- Suavemente, respire fundo, conte até três e abra os olhos.

Meditação dos anjos da segunda ordem

- Procure um local calmo, ao ar livre, e deite-se.

- Estenda os braços ao longo do corpo, com as palmas das mãos viradas para baixo.

- Sinta as suas mãos a receberem a energia da Terra.

- Feche os olhos e visualize as Dominações, as Potências e as Virtudes a aproximarem-se de si.

- Visualize o círculo que os anjos fecharam à sua volta.

- Abra os braços, vire as palmas das mãos para cima e receba a luz prateada que as Dominações lhe enviam.

- Coloque os braços em cima do peito, com as mãos unidas, e agradeça.

- Abra novamente os braços e visualize a luz azul, que emana das Potências, a cobrir todo o seu ser.

- Coloque os braços em cima do peito, una as mãos e agradeça.

- Volte a abrir os braços.

- Absorva a luz verde das Virtudes.

- Coloque os braços em cima do peito, com as mãos unidas, e agradeça.

- Mantenha a posição e agradeça às Dominações a vitória na sua vida; às Potências a orientação que lhe dão e às Virtudes, a proteção contra o mal.

- Sinta as asas dos anjos a tocarem, levemente, a sua face.

- Envolva-se nesse toque, nesse amor.

- Levante-se e sinta os anjos a circularem à sua volta enquanto sobem, levando com eles tudo o que não quer na sua vida.

- Agradeça.

- Suavemente, respire fundo, conte até três e abra os olhos.

Meditação dos Anjos da terceira ordem

- Procure um local calmo, onde não possa ser interrompida(o).

- Se preferir, coloque uma música suave e acenda um incenso e uma vela.

- Sente-se confortavelmente, respire fundo e coloque as mãos sobre os joelhos, com as palmas voltadas para cima.

- Visualize os Principados, os Arcanjos e os Anjos a descerem.

- Levante os braços acima da cabeça e una as mãos.

- Sinta a luz rosa dos Principados a penetrar em si, através dos seus dedos.

- Olhe-os e agradeça a capacidade de justiça que eles lhe concedem.

- Baixe os braços e coloque as mãos unidas junto ao coração.

- Concentre-se nos Arcanjos.

- Sinta toda a força que emana deles.

- Deixe que a sua luz azul forme um círculo à sua volta.

- Agradeça-lhes a estabilidade na sua vida.

- Baixe os braços, coloque as mãos nos joelhos, com as palmas voltadas para cima.

- Observe os Anjos.

- Sinta uma luz amarela a envolvê-la(o).

- Agradeça o atendimento das suas preces.

- Sinta os raios de luz rosa, azul e amarela a envolverem todo o seu ser à medida que os Anjos sobem.

- Visualize todas as suas preocupações a partirem com eles.

- Una as mãos e coloque-as junto ao coração.

- Agradeça.

- Suavemente, respire fundo, conte até três e abra os olhos.

Meditação do Arcanjo Zadkiel

- Procure um local calmo, de preferência ao ar livre.

- Sente-se confortavelmente e respire fundo.

- Coloque as mãos em cima dos joelhos, com as palmas voltadas para cima.

- Visualize o Arcanjo Zadkiel.

- Sinta o raio de luz violeta que emana dele.

- Sinta essa luz a penetrar em si pelo chacra da coroa.

- Agora, suavemente, visualize essa luz a descer, em espiral, no sentido contrário aos ponteiros do relógio

- Veja-a a queimar todas as crenças negativas que há em si.

- Sinta a espiral de luz violeta a limpar o chacra do terceiro olho; o chacra laríngeo; o chacra cardíaco; o chacra do plexo solar, o chacra sexual e o chacra raiz.

- Visualize a luz violeta a sair do chakra raiz e a penetrar na terra.

- Agora, visualize o raio de luz dourada que o Arcanjo lhe envia.

- Receba-o pelo chacra da coroa.

- Deixe que ele percorra todos os chacras, em espiral, no sentido dos ponteiros do relógio.

- Sinta a paz, a leveza, a confiança e o amor que essa luz dourada lhe trouxe.

-Visualize o Arcanjo a subir.

- Agradeça.

- Suavemente, respire fundo, conte até três e abra os olhos.

Don't miss out!

Visit the website below and you can sign up to receive emails whenever Ana Mafalda Damião publishes a new book. There's no charge and no obligation.

https://books2read.com/r/B-A-KSCEB-QUTXC

BOOKS 2 READ

Connecting independent readers to independent writers.

Did you love *Anjos na nossa vida - como contactá-los e viver em sintonia com o universo*? Then you should read *The Power of Saint Germain*[1] by Ana Mafalda Damião!

[2]

Dive into a fascinating spiritual journey guided by the sacred traditions surrounding the legendary Master of Transmutation, Saint Germain. This comprehensive guide provides deep insights into the history of Saint Germain, exploring his significance across various spiritual traditions and his enduring legacy.Structured in instructive chapters, the book unveils Saint Germain's teachings, emphasizing spiritual alchemy as a pathway to personal transformation. Readers will be guided through Saint Germain's unique energy, understanding its practical application and intrinsic connection with the universe.The work presents a hands-on approach, demonstrating how to integrate Saint Germain's energy into

---

1. https://books2read.com/u/mdYQgX

2. https://books2read.com/u/mdYQgX

daily life. Explore guided meditations that open portals to subtle energy, creative visualizations to construct vivid images of transformation, and positive affirmations to tune into the desired energetic frequency.Chapters dedicated to invocation rituals offer insights on creating sacred spaces for deeper connection, while conscious breathing practices teach entering the rhythm of transformation. The book culminates in a powerful gratitude and closing ritual, honoring Saint Germain and concluding the spiritual journey.The conclusion of the book comes full circle, tying together all explored elements, and unveils the inspiring story of Adrian, adding a personal and emotional touch to the narrative. "The Power of Saint Germain" is not just a spiritual guide but a transformative journey offering practical tools for those seeking inner change and spiritual growth.

Also by Ana Mafalda Damião

Escrita Terapêutica - o poder da escrita na transformação pessoal
Escrever...o quê? 20 + 8 ideias criativas
Escribir... 20 + 8 Ideas Creativas
Anjos na nossa vida - como contactá-los e viver em sintonia com o universo
Oráculo Das Bruxas
Símbolos E Imagens Para Prever O Futuro
Cristalomancia - A Arte Da Adivinhação Com Cristais
Dominomancia - A Arte Da Adivinhação Com O Dominó
Petit Lenormand - Como Interpretar
Oráculo Dos Druidas
O Poder de Saint Germain
Rituais de conexão - Deusas celtas
Connection Rituals – Celtic Goddesses
The Power of Saint Germain
Ten Plagues of Egypt

About the Author

Ana Mafalda DamiãoNascida no Alentejo, na vastidão das planícies, onde por vezes só o canto das cigarras se ouve, cresceu no meio do silêncio, do cheiro da terra, dos animais... Sempre com a curiosidade de saber o que estaria para lá do horizonte, para lá de onde os seus olhos avistavam.Foi essa curiosidade que a levou ao Curso de História e lhe abriu as portas para o ensino.Mais tarde, e porque a paixão dos livros a acompanha desde que aprendeu a ler, especializou-se em Gestão de Bibliotecas Escolares.